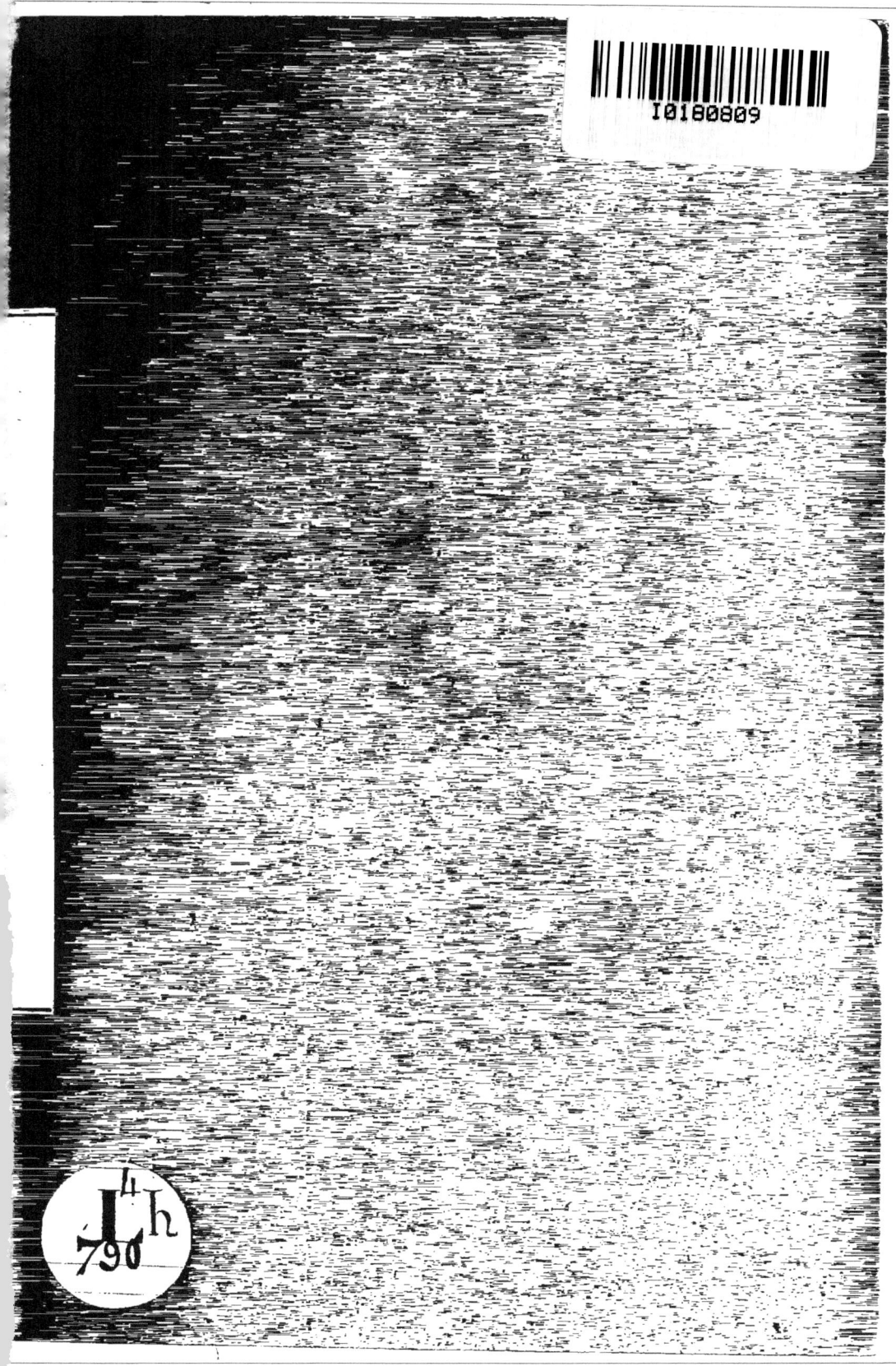

ŒUVRE
DES
PRISONNIERS FRANÇAIS
EN ALLEMAGNE

COMITÉ CENTRAL
POUR
LA GIRONDE ET LE SUD-OUEST DE LA FRANCE
A BORDEAUX

RAPPORT
AU COMITÉ ET AUX BIENFAITEURS DE L'ŒUVRE

Présenté par M. BLANCHY

Vice-Président, et Président de la Commission d'exécution,

dans la séance de clôture des opérations tenue le 30 juin 1871

sous la présidence de S. Ém. le Cardinal Archevêque de Bordeaux

---

BORDEAUX

IMPRIMERIE GÉNÉRALE D'ÉMILE CRUGY

16, rue et hôtel Saint-Siméon, 16

1871

PROCÈS-VERBAL

DE LA

SÉANCE DE CLÔTURE

Aujourd'hui 30 juin 1871, à deux heures de l'après-midi, au Palais archiépiscopal de Bordeaux, le Comité s'est réuni sous la présidence de Son Éminence Monseigneur le Cardinal-Archevêque, dans le but de clore ses opérations.

Le Trésorier dépose sur le bureau le dossier contenant toutes les pièces comptables du Comité, ainsi que les livres à l'appui.

Son Éminence donne la parole à M. le vice-président Blanchy, pour faire le rapport des opérations de l'Œuvre.

M. Blanchy donne lecture du rapport suivant :

ÉMINENCE, MESSIEURS,

Des désastres inouïs avaient, en septembre et octobre, rendu captifs en Allemagne des centaines de mille de nos soldats.

Ils y étaient arrivés dans un état de dénûment qu'expliquent les fatigues de la campagne et le découragement moral, conséquence de nos revers.

Rien, comme logement ou matériel, ne se trouvait

disposé pour parer à une situation qui dépassait tout ce qu'avait pu rêver l'imagination la plus orgueilleuse.

De grandes souffrances devaient résulter de cet état de choses, et s'aggraver encore aux approches de l'hiver.

Sans communications avec nos malheureux compatriotes, nous n'avions pu, en France, connaître immédiatement leur détresse ; libres, au contraire de leurs mouvements et plus rapprochés des camps ou des forteresses, les neutres avaient été les témoins et s'étaient vivement émus de tant de misères. La Belgique et l'Autriche, la Suisse surtout, qui avait tant fait pour les blessés militaires, avaient immédiatement formé des comités et organisé les secours.

Mais, quelle que fût la générosité de leurs sacrifices, ils ne pouvaient combler l'immensité des besoins ; aussi de pressants appels étaient-ils partout adressés, afin que chacun vînt en aide au mouvement suscité par ces lamentables infortunes.

Bien que la France vît ses ressources absorbées par les exigences d'une défense qu'elle improvisait, et que les particuliers eussent, sans le mesurer, donné leur concours aux comités pour les blessés, aux acquisitions d'armes, à l'équipement des corps de volontaires, les bourses devaient s'épuiser quand il s'agissait de secourir des frères malheureux. Bordeaux, la Gironde et quelques départements voisins allaient montrer ce qu'ils ont de fécondité et d'élan quand ils sont mis en présence d'une œuvre généreuse.

Instruit, par une communication de Bâle, de la triste situation de nos prisonniers, Son Éminence, notre vénérable président, promoteur aussi infatigable qu'expérimenté de toute noble entreprise, fit, dans une lettre pastorale à la date du 20 novembre dernier, la peinture éloquente des souffrances de nos malheureux compatriotes; il prescrivit des quêtes dans toutes les paroisses, et fit appel, sans distinction de foi et d'opinion, au concours d'hommes en grand nombre dont le zèle et le patriotisme souvent éprouvés étaient une garantie de vitalité et de réussite pour l'œuvre qu'il voulait fonder.

Une réunion eut lieu le 5 décembre à l'Archevêché; elle décidait la formation du Comité de secours aux prisonniers français en Allemagne, et ses membres s'inscrivaient, séance tenante, pour près de 10,000 fr., sur la liste de souscription dont elle votait tout d'abord l'ouverture. Le Conseil municipal y ajoutait 5,000 fr.

Une triste paix et le retour de nos soldats ont mis fin à nos travaux. Avant de nous séparer, nous devons vous présenter le compte des ressources qui ont été réunies et de l'emploi qui en a été fait. Des détails succincts sur nos opérations serviront de commentaire aux chiffres principaux que nous avons à soumettre à votre examen.

M. le comte A. de Kercado mit gratuitement à notre disposition sa maison, cours de Tourny, n° 28; nous y installâmes nos bureaux et nos magasins.

Cet acte généreux de notre collègue et la situation centrale de notre siége étaient deux avantages précieux et de bon augure pour notre succès.

Un appel sous forme d'affiches et de circulaires, signé par tous les membres du Comité, fut adressé au public de Bordeaux pour lui faire connaître la création et le but de l'œuvre. La réponse ne se fit pas attendre. Immédiatement les souscriptions affluèrent; elles ont donné 72,167 fr. 10 c.

Sur l'invitation de Son Éminence, des quêtes étaient faites dans les églises; elles produisaient 14,749 fr. 60 c. à Bordeaux, et 34,744 fr. 10 c. dans les autres paroisses du département.

En outre, le Comité adressait des circulaires à MM. les Maires, les Curés, les Percepteurs, ainsi qu'à des personnes notables du département, pour les inviter à former des comités communaux qui recueilleraient à domicile les dons en argent et en nature. Ils devaient se mettre en rapport avec les comités institués au chef-lieu d'arrondissement, afin de centraliser les offrandes et les diriger vers le Comité de Bordeaux. Nous avons réuni, soit par ce moyen, soit par les dons directs, 7,286 fr. 20 c.

M. le Trésorier-Payeur général voulut bien nous promettre la coopération des fonctionnaires sous ses ordres; par leur intermédiaire, nous devions faire arriver jusqu'à la caisse de la Recette générale, et de là dans nos mains, les versements que nos sous-comités n'auraient pu faire directement.

De leur côté, M. le Grand Rabbin et MM. les Pasteurs de l'Église réformée, vice-présidents de notre Comité, adressaient de chaleureux appels aux Consistoires du département et des départements voisins, les engageant à s'associer à notre œuvre, à la recommander autour d'eux, et à faire aboutir, par leur bienfaisante influence, de nouvelles sources de secours en faveur de nos prisonniers. En outre, des quêtes étaient faites dans les temples et nous donnaient 3,951 fr. 65 c. à Bordeaux et dans la Gironde.

Au même moment, le Comité de secours aux blessés militaires mit à notre disposition 100 barriques de vin pour être distribuées dans les lazarets, où étaient soignés les prisonniers malades ou blessés; plus tard, et sur les dons en nature que nous avons recueillis, nous lui avons remis 25 barriques; nous en devons ainsi 75 à sa générosité; nous lui en adressons, ainsi qu'à son honorable vive-président, M. Mestrezat, notre cordial remercîment.

M. le comte Lemercier, l'un de nos vice-présidents et délégué de la Société internationale de secours aux blessés militaires pour le sud-ouest de la France, obtint pour nous un subside de 10,000 fr. de la Société qu'il représentait. Il nous prêta avec empressement l'appui de ses conseils fort appréciés et de ses bons offices auprès de ses collègues les délégués départementaux : par son intermédiaire, nous nous mîmes en rapport avec ceux-ci; nous les engageâmes à fonder des comités spéciaux pour les prisonniers, et à centraliser, dans nos mains, les ressources qu'ils parviendraient à recueillir, afin que l'unité de direction assurât le meilleur emploi des secours qui seraient par eux réunis.

Mais, déjà, des œuvres locales s'étaient presque partout établies et s'étaient mises en rapport avec les Comités lyonnais, suisses, belges ou autrichiens. Sauf quelques sommes que nous avons reçues des Basses-Pyrénées, des deux Charentes, du Lot-et-Garonne, de Philippeville..., etc., il ne nous est venu de concours véritablement important que du Gers, du Tarn-et-Garonne et de la Haute-Vienne.

Mgr l'Archevêque d'Auch envoya à Bordeaux son secrétaire, M. l'abbé Fanquez, pour se rendre compte de la marche de notre œuvre : une fois édifié sur l'esprit de notre Comité, sur son indépendance de toute attache administrative et sur ses procédés d'exécution, il voulut bien nous faire les dispensateurs des dons qu'il recueillait dans son diocèse, fruits abondants de l'action paternelle et persuasive qu'il exerce autour de lui : il nous a fait verser ainsi la somme considérable de 23,468 fr. 95 c. Cet acte de confiance de la part d'un prélat aussi élevé dans l'Église a été pour nous un précieux encouragement et une aide très-efficace dans l'accomplissement de notre mission.

Dès les premiers temps, nous avons eu avec le Comité de Montauban les relations les plus cordiales : il nous a successivement versé jusques à concurrence de 10,920 fr. ; ces remises importantes ont autant témoigné du zèle de ses membres que de la générosité du milieu dans lequel il exerçait sa patriotique initiative.

Le délégué à Limoges de la Société de secours aux blessés s'est empressé, lui aussi, de répondre à notre appel, et, grâce à son concours, nous avons vu nos ressources augmentées de 13,201 fr. 25 c.

L'ouverture de nos listes de souscription, les quêtes dans les paroisses et dans les temples, pouvaient ne pas mettre à la portée de tous l'occasion de contribuer à une œuvre qui était bien l'œuvre de tout le monde ; il fallait se présenter à domicile, afin de recueillir les plus modestes offrandes, celles si nombreuses qui ne s'apprécient pas au bruit qu'elles font dans la bourse du quêteur.

C'était une grosse entreprise que de visiter chaque rue et chaque maison ; mais elle était exécutable avec le concours de la garde nationale, et ce concours était d'avance assuré à une œuvre éminemment charitable et française.

Le Comité se mit en rapport avec l'état-major et les chefs de bataillon ; il les pria de faire appel au zèle des sous-officiers, dont un certain nombre désigné dans chaque compagnie devait être invité à accompagner dans leur tournée de solliciteurs les membres du Comité ; tous s'y prêtèrent avec le plus louable empressement.

Un membre du Comité devait diriger la quête dans chacun des dix arrondissements municipaux ; l'arrondissement lui-même était, suivant son importance, divisé en un certain nombre de circonscriptions tracées sur un plan de la ville, et dont la découpure, attachée au cahier de souscription, devait déterminer le champ à exploiter par chacune des sous-commissions. Celles-ci, composées d'un membre du Comité et de deux sous-officiers en uniforme, habitants du quartier, devaient, sous la recommandation des insignes de l'œuvre, visiter chaque maison.

Ces quêtes ont été faites avec le zèle le plus intelligent et le plus dévoué, dans les moments si durs que nous avons traversés cet hiver : ni le froid, ni la neige, ni les pertes de temps, n'ont un instant arrêté les hommes de cœur qui avaient accepté cette mission pénible ; aussi, les résultats ont-ils dépassé toute attente. Dans une seule journée, certaines commissions de quêteurs ont récolté plus de 2,000 fr. Et combien d'épisodes touchants dans nos quartiers reculés ! que de portes, volontairement oubliées, se sont ouvertes d'elles-mêmes ; et combien de fois le visiteur attendri a recueilli la précieuse obole d'un pauvre ménage qui voulait, lui aussi, contribuer pour les prisonniers !.... Trente-six membres du Comité et soixante-douze sous-officiers ont pris part à ce travail qui a duré plus d'un mois, de décembre à fin janvier.

De plus, et à côté de cette mission principale, l'émulation au bien, toujours si ingénieuse, avait suscité, parmi nos associés gardes nationaux, des œuvres particulières qui sont venues porter un nouveau contingent à nos ressources : une quête dans les rues organisée un jour de dimanche, quêtes dans les marchés, collectes dans les établissements publics ou dans des réunions privées; nous avons trouvé, en un mot, chez ces honorables coopérateurs un concours empressé et cordial auquel notre Comité rend avec bonheur le témoignage de sa reconnaissance. Ces diverses quêtes ont donné 68,279 fr. 74 c. : résultat d'autant plus remarquable qu'il est dû à de très-modestes et d'autant plus méritantes souscriptions, recueillies exclusivement dans Bordeaux.

Sous une généreuse inspiration, les enfants, eux aussi, avaient voulu s'associer aux sacrifices que chacun s'imposait, en consacrant leurs étrennes au soulagement des prisonniers : c'était une heureuse pensée; il était bien non-seulement d'incliner ces jeunes cœurs vers des souffrances auxquelles ils devaient facilement compatir, mais encore, en leur montrant l'image de la Patrie à travers les malheurs publics, de donner chez eux, à l'amour du pays, des racines plus profondes.

Les dons furent abondants; sur les sommes recueillies, notre Comité reçut une part de 8,729 fr. 90 c. Plus tard, et le 5 mai dernier, le Comité des enfants nous a versé 8,660 fr. remis dans le temps à Mme Crémieux et que celle-ci lui avait rendus, faute d'emploi. Cette somme nous a permis d'envoyer un supplément de secours dans quelques dépôts où des malades trop nombreux ont été retenus par leur état pendant la période du rapatriement.

Par toutes ces sources, nous avons recueilli, suivant les comptes arrêtés au 30 juin, une somme totale de 298,862 fr. 80 c. en espèces.

Cette somme aurait dû être augmentée par les versements qui ont été faits à MM. les Percepteurs par suite de nos appels ; mais en même temps que nous, et dans le même but, M. Crémieux, ministre de la justice, sollicitait la bienfaisance publique. Comme des difficultés pouvaient sortir de cette double action, nous négociâmes pour les prévenir ; toutefois, nous ne pûmes souscrire à un accord qui eût absorbé le Comité dans l'Administration ; les choses en restèrent donc là, et la confusion qui s'est faite dans les caisses publiques, malgré les précautions que nous avions recommandées, entre les dons qui nous étaient destinés et ceux qui pouvaient revenir à M. Crémieux, ne nous a pas permis de toucher les sommes versées à notre intention : nous avons quelques raisons de croire qu'elles n'ont pas été importantes.

En outre des souscriptions en argent, nous avons reçu des dons en vêtements que nous avons estimés à 25,741 fr. 40 c., et des offrandes en spiritueux et vins pour une valeur de 16,805 fr., y compris les 75 barriques du Comité des blessés ; le produit total de la souscription peut être ainsi évalué à 341,409 fr. 29 c.

Ce résultat, obtenu pour les quatre cinquièmes dans le département de la Gironde, alors que tant d'autres souscriptions également productives avaient sollicité le public, montre tout ce qu'il y a dans nos populations de générosité et de patriotisme.

Pendant que le Comité recueillait ses premières ressources, il se préoccupait des moyens d'en assurer l'emploi le meilleur et le plus prompt.

Nous étions ici loin de l'Allemagne, les communications étaient lentes et difficiles; les renseignements précis manquaient, et, pour les recueillir, un temps précieux eût été perdu; en attendant, l'hiver avançait et déployait ses rigueurs; il fallait agir vite.

La marche la plus sage dans la situation était de se mettre en rapport avec un comité de distribution déjà organisé, afin de diriger nos secours, par son entremise, sur les points où ils étaient les plus nécessaires. Ce parti avait, de plus, cet avantage, que la concentration des ressources dans les mêmes mains permettait d'éviter des doubles emplois qui auraient créé, pour certains groupes de prisonniers, une abondance relative, pendant que d'autres, moins recommandés, seraient restés dans une détresse absolue.

Bâle. Le Comité de Bâle avait pu, grâce à sa nationalité neutre, envoyer des délégués en Allemagne, se mettre en rapport avec le commandant des camps, obtenir par lui-même, ou par ses correspondants, des renseignements utiles, et faire déjà beaucoup de bien au moyen des collectes qu'il avait recueillies en Suisse et ailleurs. Les hommes qui le dirigeaient, connus de plusieurs d'entre nous, méritaient toute notre confiance par leur caractère, leur situation personnelle, le zèle actif et éclairé qu'ils avaient déployé en faveur de nos malheureux compatriotes. Leur appel était le premier que nous avions entendu, et il nous était arrivé par l'intermédiaire autorisé de notre vénéré président. Ces motifs nous déterminèrent, et le Comité de Bâle fut adopté comme notre principal distributeur.

Un de nos collègues nous avait spontanément, et dès le premier jour, ouvert un crédit de 80,000 fr., à valoir sur nos recettes futures, n'y mettant d'autre condition que de tenir secret ce généreux procédé. Cette hardiesse de cœur avait gagné le Comité, et avant d'avoir lancé nos souscriptions, nous n'hésitions pas à envoyer, le 9 décembre, 40,000 fr. au Comité de Bâle.

A mesure que les ressources sont arrivées, nous avons continué nos envois, si bien que ce comité a reçu de nous une somme totale de 108,000 fr.

Nous lui avons expédié de plus, *vià* Rotterdam, 41 colis lainages valant 16,359 fr., et 100 barriques de vin portées pour 10,000 fr. Ces dernières furent, pour la plus grande partie, distribuées, suivant nos propres instructions, entre les campements de Mayence, Coblentz, Cologne, Minden, etc.

Dans les rapports imprimés du Comité de Bâle, nos remises figurent avec ses autres recettes, et les détails de dépense donnés par ses compte-rendus nous assurent que le meilleur emploi a été fait des fonds que nous lui avons envoyés.

Sur les 108,000 fr., une somme de 20,000 fr. a reçu une affectation particulière.

Au moment de la conclusion de la paix, lorsque le rapatriement de nos soldats paraissait prochain, il était intéressant de préparer, dans les principaux lieux de passage, des dépôts de lainages qui permissent de fournir à nos prisonniers les objets qui leur manquaient ou de remplacer ceux qui étaient trop délabrés. On devait ainsi prévenir ou atténuer pour eux les souffrances de la route, sous ce climat que l'hiver est si lent à quitter.

Le Comité de Berlin, présidé par le duc de Ratibor, avait été, à ces tristes époques, animé, pour nos prisonniers, du zèle le plus secourable. Il y a eu, en effet, des hommes généreux parmi nos ennemis ; c'est justice que de le reconnaître, et cette justice rendue nous élève au-dessus de nos malheurs. En outre du bien que le Comité faisait lui-même, il avait mis, avec un empressement persévérant, ses conseils et son influence au service des délégués que les divers comités envoyaient en Allemagne, et il leur avait ainsi facilité leur tâche.

C'est lui qui avait eu l'idée de ces dépôts-magasins placés sur le passage de nos soldats.

Le Comité de Bâle nous demanda si nous voulions prendre part à cette œuvre ; elle était utile en effet ; nous décidâmes, en conséquence, que nous concourrions pour une somme de 20,000 fr. à la formation du dépôt de Berlin, qui devait venir en aide aux prisonniers fort nombreux rentrant des casernements du nord-est de la Prusse. Nos honorables correspondants de Bâle y ont expédié, pour notre compte, 8,400 pièces de vêtement : caleçons, gilets, chaussettes, etc., avec invitation au Comité Ratibor d'en faire la distribution au nom du Comité de Bordeaux.

Quelques garanties de lumières et de zèle que nous présentât le Comité de Bâle, et quelle que fût notre sécurité au point de vue des résultats matériels que nous poursuivions, néanmoins nous nous étions préoccupés, au point de vue de nos prisonniers et de nos donateurs eux-mêmes, de l'effet moral qu'il était utile de faire produire à notre œuvre.

Si le soldat voyait une main française dans le secours qui lui arrivait, il devait se sentir soutenu par la pensée que son pays connaissait ses souffrances et travaillait à les soulager; plus vifs encore devaient être ses sentiments, si les marques de sympathie lui venaient de sa propre province. Sa reconnaissance, traduite alors dans des lettres passées de mains en mains et lues avec une ardente curiosité, devait prouver à chacun que ses sacrifices avaient porté leurs fruits, et encourager à des sacrifices nouveaux.

Nous exprimâmes en conséquence, au Comité de Bâle, le désir qu'une comptabilité spéciale nous fût ouverte, que les secours fussent distribués en notre nom, et que, s'il était possible, il en fût retiré des reçus ou des émargements. Ces documents, envoyés à Bordeaux, et tenus à la disposition de nos visiteurs, devaient être la preuve du bienfait et un stimulant pour la double action qu'il était intéressant de produire.

L'importance des remises que nous faisions à Bâle autorisait, de notre part, la demande de conditions spéciales. Toutefois, nos honorables correspondants se disaient dans l'impossibilité de les accorder.

A cette époque, nous avions à faire accompagner en Suisse de nombreux colis de vêtements que les familles nous avaient remis pour des prisonniers désignés.

L'encombrement des chemins de fer, le service surmené auquel ils étaient condamnés, rendaient indispensable pendant le transport une surveillance spéciale, si nous voulions éviter des pertes ou de trop grands retards. Nous avions décidé, en conséquence, d'envoyer des délégués pour convoyer notre expédition; c'était une occasion pour faire visite au Comité de Bâle, juger des résultats déjà obtenus, et traiter verbalement la question à laquelle nous attachions une véritable importance.

Nos délégués devaient de plus, si la chose leur était possible, tenter de pénétrer en Allemagne, afin de voir les dépôts les plus à portée, et se rendre compte, par eux-mêmes, de la situation de nos soldats.

M. l'abbé Fonteneau, vicaire général, M. le Dr Rey, et M. Charles Baour, voulurent bien se charger de notre mandat, et, malgré les rigueurs de la saison, ils se mirent en route le 3 janvier.

Nous ne pouvions placer en meilleures mains d'aussi chers intérêts. Les lumières et le caractère de nos collègues nous promettaient une observation attentive des faits et l'appréciation la plus judicieuse des moyens à employer dans la poursuite de notre œuvre.

A Bâle, nos délégués purent s'assurer du bon fonctionnement du Comité, et profiter des informations précieuses qu'il avait recueillies principalement sur les campements de la partie midi et occident de l'Allemagne. Ils reconnurent, en même temps, que le travail et les détails de comptabilité auxquels le Comité dévouait le zèle le plus intelligent étaient considérables, et ne pouvaient être compliqués d'écritures et de directions spéciales à l'œuvre de Bordeaux. Ils conservèrent l'impression que les rapports avec Bâle devaient être maintenus sur un pied important, afin que sans arrêt les secours continuassent à arriver par les canaux déjà établis, sauf à créer nous-mêmes des relations directes là où nous trouverions le plus de bien à faire et les intermédiaires qui nous présenteraient le plus de garanties.

Sous ce rapport, au surplus, notre action devait se mesurer aux ressources dont nous pouvions disposer.

Nous ne devions pas, en effet, prétendre à soulager toutes les infortunes ; les sommes par nous recueillies, bien qu'importantes pour l'initiative privée, étaient comme une goutte d'eau comparées à la détresse de près de 400,000 soldats, et nous devions nous résigner à porter de modestes subventions sur les points où elles nous paraîtraient le plus nécessaires.

Nos délégués entrèrent en Allemagne, et visitèrent Mayence, Coblentz, Cologne et Wesel.

Ils avaient appris à Bâle, et ils virent par leurs yeux, que les dépôts de prisonniers étaient placés sous l'autorité absolue des commandants allemands ; que les relations des soldats avec le dehors, et en particulier avec les officiers français, étaient, en principe, interdites. Le sort des internés et la rigueur des consignes dépendaient ainsi de la volonté du chef, qui était l'intermédiaire obligé, surveillant sévère ou guide paternel, des prisonniers confiés à sa garde.

Nos soldats se sont vus ainsi diversement traités, suivant qu'ils sont tombés entre les mains de ces hommes durs et trop nombreux qui s'exaltaient de rancunes séculaires, ou de chefs dont l'âme élevée comprenait les droits du malheur.

Matériellement, nos hommes étaient soumis au régime du soldat prussien, régime beaucoup plus sévère que le nôtre, et qui, par la privation de vin, la faible ration de viande et la mauvaise qualité du pain, était particulièrement pénible pour nos prisonniers ; des maladies en étaient trop souvent la triste conséquence.

Dans les divers dépôts, le mode de secours et le genre des intermédiaires variaient suivant les dispositions du commandant ; dans le plus grand nombre, les aumôniers catholiques et protestants, à raison de la liberté d'accès que leur mission leur donnait, étaient les dispensateurs plus particulièrement désignés, surtout dans les hôpitaux, et ils s'acquittaient de cette tâche, comme de toutes celles de leur ministère, avec un dévouement au-dessus de tout éloge.

Mayence. Nos délégués visitèrent d'abord Mayence : 25,000 prisonniers s'y trouvaient retenus.

Un comité de dames, à la tête duquel était Mme la maréchale Mac-Mahon, s'occupait, avec le concours de M. l'abbé Strube, aumônier, de M. Humann, banquier, des colonels Du Petit Thouars, de Fénélon, Boucau, du duc de Lesparre, et de quelques autres officiers français, de réunir des ressources, et d'en diriger la distribution. Mme la maréchale Mac-Mahon était l'âme du comité ; esprit gracieux et distingué, caractère vaillant, entourée du prestige attaché à son nom par de récents exemples d'héroïsme et d'abnégation militaires, elle exerçait au profit de nos prisonniers une action à laquelle n'avait pas échappé l'autorité allemande elle-même : celle-ci, en effet, se prêtait de bonne grâce aux mesures adoptées par le comité pour le bien de son œuvre.

Chaque semaine, une corvée de soldats, choisis à tour de rôle parmi les plus démunis, était conduite par des sous-officiers allemands chez M. Humann, où le magasin était établi. Les membres du comité leur distribuaient les objets dont ils manquaient, en les accompagnant d'une bonne parole, et leur remettaient pour leurs camarades restés au camp les tricots, les lainages, les bas confectionnés ou achetés pendant la semaine. Au camp, la distribution de ces vêtements était faite sous la surveillance des officiers prussiens. Dans l'intervalle, M. l'abbé Strube, qui avait ses entrées libres, visitait les prisonniers et leur portait de nouveaux adoucissements dans la mesure des ressources mises à sa disposition.

Nos délégués asssistèrent à séance du 14 janvier, et M. l'abbé Fonteneau, prenant la parole au nom du Comité de Bordeaux et de son vénéré président, réchauffa le cœur de nos malheureux compatriotes par la cordiale expression de nos sympathies.

Une somme de 10,000 fr. fut laissée à Mayence; elle a été employée en acquisitions de vêtements, dont les factures acquittées nous ont été ultérieurement remises comme pièces justificatives.

Nous fîmes plus tard un nouvel envoi de 5,000 fr.; mais, comme cette somme ne se trouvait pas dépensée au moment de la conclusion de la paix, M. Humann nous la retourna.

De Mayence, nos délégués se rendirent à Coblentz. *Coblentz.* Ils y furent reçus par M. Ferrand, autrefois secrétaire général à Bordeaux, et fait prisonnier comme préfet de Laon. Notre comité s'était déjà mis en relations avec lui dans l'intérêt de nos soldats captifs. Un comité d'officiers français, sous la présidence du général de division Goze, et dont faisait partie notre compatriote M. le capitaine Puginier, s'occupait de recueillir et de faire distribuer les seccours à 20,000 soldats.

La tâche était facile. Le commandant de Coblentz, le général de Wedel, et les officiers sous ses ordres, chargés chacun d'un dépôt, les majors de Tempelhof et Zahn, étaient les amis plutôt que les gardiens de nos malheureux compatriotes. Non-seulement ils concouraient au bien à faire, mais ils y consacraient une prévoyante sollicitude. Le major Tempelhof, en particulier, s'était mis en rapport avec M. le Maire de Bordeaux et avec notre Comité, pour obtenir l'envoi des vins nécessaires aux malades et aux convalescents. Nous avons satisfait à cette demande avec empressement, et la répartition entre les divers lazarets s'est faite d'accord avec le comité des officiers français.

Le général de Wedel recommanda spécialement à nos délégués les sous-officiers internés, dont la situation était particulièrement intéressante. Un secours immédiat en argent leur fut distribué par nos collègues.

Il donna toutes facilités pour visiter les camps et les hôpitaux. Aux camps, les soldats étaient logés par compagnies de 250 hommes, dans des baraques en planches élevées de 30 à 40 centimètres au-dessus du sol; elles étaient closes, et tenues par des poêles au charbon à une bonne température. Le musée provisoire élevé dans le jardin de la Mairie donne l'idée de ces constructions. Elles étaient à peu près partout édifiées sur le même modèle, sauf dans le nord, où la brique avait été employée avec le bois.

Les lazarets étaient bien tenus. Les malades y étaient soignés par des sœurs appartenant à des communautés hospitalières.

En résumé, l'impression de nos délégués fut moins défavorable qu'ils ne s'y étaient attendus, soit qu'ils fussent arrivés sous la préoccupation des souffrances trop réelles que nos soldats avaient éprouvées dans les insuffisantes installations du début, soit que le gouvernement prussien eût porté sur les camps du Rhin, les premiers établis et les plus en vue, la meilleure partie de ses ressources.

Nos délégués laissèrent 8,460 fr. à Coblentz ; nous y avons envoyé depuis 2,000 fr. par Bâle, et 2,500 fr. directement. L'extrait de la comptabilité du comité des officiers, que le général Goze nous a fait parvenir, donne tous les détails d'emploi.

Cologne a été pour nos collègues la contre-partie de Coblentz. En descendant de chemin de fer, MM. Fonteneau et Rey furent arrêtés, menés au poste, et relâchés après un minutieux examen. Sans se décourager, ils se rendirent auprès du colonel commandant supérieur. Mais il leur suffit d'une courte entrevue pour juger que de ce côté il n'y avait rien de bon à espérer.

<small>Cologne.</small>

M. le curé de Saint-Martin, de Cologne, mit nos délégués en relation avec Mme Le Masson. Déjà, par Bâle, M. Baour avait eu une recommandation pour Mme Beesen. Ces deux dames, françaises d'origine, s'occupaient séparément, mais avec une parfaite entente et le plus grand zèle, des intérêts de nos prisonniers. Elles étaient secondées par M. l'abbé Debras, aumônier du camp de Wahn, et par M. l'abbé Deblaye, aumônier du camp de Grensberg. Ces deux excellents ecclésiastiques se multipliaient dans les dépôts et les lazarets qui y étaient attenants. La petite vérole y faisait, au commencement de janvier, de grands ravages, et suscitait, de leur part, un dévouement qui ne se lassait pas. Ils avaient, en outre, à s'occuper, conjointement avec les RR. PP. Trappe, de Léglise et Aymans, de neuf hôpitaux ou casernements, situés dans Cologne même et à Deutz, son faubourg.

Par l'intermédiaire de MM. Debras et Deblaye, Mmes Beesen et Le Masson étaient en rapport avec les commandants des deux camps principaux. Sur la demande de ces dames, les commandants leur envoyaient des escouades de 10 à 12 prisonniers, sous l'escorte de sous-officiers prussiens. Elles leur remettaient chacune à son domicile les objets à distribuer, et l'officier allemand leur faisait tenir ensuite les reçus des sergents français qui avaient coopéré aux distributions. Parmi les pièces de dépense qui nous ont été envoyées, se trouve une lettre collective de remercîments que ces braves sous-officiers ont écrite au Comité de Bordeaux.

M. le pasteur Emile Belin rivalisait de zèle auprès du troupeau qui lui était plus particulièrement confié, et le Comité a tenu à faire arriver par ses mains, à ceux qu'il consolait, le témoignage de son affectueux intérêt.

Parmi les officiers internés à Cologne, il en était qui avaient auprès d'eux leurs familles, privées, par l'invasion, d'asile et de moyens d'existence. Sans autres ressources que leur modique solde de captivité, ils étaient dans la plus cruelle détresse. Nos délégués chargèrent Mme Beesen de venir en aide à ces intéressantes situations. Elle-même eut recours, dans quelques cas, aux bons soins de M. le colonel du Paty, du 2e dragons, dont la discrétion et le tact devaient ménager de si honorables infortunes.

Nous avons, dans la première période, dépensé à Cologne 13,340 fr., et nous y avons envoyé 5 caisses vêtements estimés 4,259 fr. Les dépôts contenaient 15,000 hommes. Mais les besoins y ont été constamment considérables, par suite des mutations qui s'y sont souvent produites, les prisonniers faits au commencement de la guerre ayant été successivement dirigés sur les forteresses de l'est, et remplacés par ceux qui arrivaient des bords de la Loire dans un état tout aussi lamentable que les captifs de Metz.

Pendant que MM. l'abbé Fonteneau et le docteur Rey s'arrêtaient à Cologne, M. C. Baour poussait tout d'abord jusqu'à Wesel, et il avait le bonheur d'y trouver nos soldats confiés, comme à Coblentz, à des mains généreuses. M. le capitaine-major de place Grell s'était mis lui-même à la tête du comité français, dont faisaient partie MM. P. de Bienville, maréchal de logis au 5e hussards, et le marquis de Compiègne, auditeur au Conseil d'Etat et engagé volontaire au même régiment. Les sacrifices personnels de ces messieurs, les ressources qu'ils avaient recueillies, les combinaisons industrieuses du commandant, avaient créé à Wesel un bien-être relatif, si bien que les 3,000 fr. laissés par notre délégué, tant au comité qu'à l'aumônier, ont été consacrés uniquement à améliorer le traitement des convalescents et à préparer ainsi leur sortie de l'hôpital.

Wesel.

Quant aux valides, ceux qui voulaient s'employer dans les fermes, les usines ou les mines, étaient rendus libres sur parole. Ceux qui préféraient travailler au camp, à des objets de tabletterie et d'osier, vendaient les produits de leur travail à la commission, qui en faisait elle-même des loteries ou des ventes au profit des prisonniers. La fabrication des sabots avait été particulièrement encouragée. A cet effet, du bois et des outils avaient été mis à la disposition des soldats. Les objets fabriqués leur étaient achetés, et, distribués dans le camp, ils remplaçaient successivement les chaussures hors de service.

Ainsi, grâce à une inspiration élevée, le travail venait à Wesel remonter le moral de ces hommes condamnés à la dure condition de captifs; il améliorait leur situation matérielle, et contribuait au bienêtre de tous; partout où cette ressource a manqué, on a vu le découragement et l'ennui susciter une insubordination cruellement réprimée, ou, par l'affaissement des cœurs, donner accès aux maladies et à la mort.

Nos délégués rentrèrent à Bordeaux après avoir rempli leur mission avec un succès qui justifiait notre légitime attente. Avides à recueillir les bruits du dehors, nos pauvres soldats avaient connu le passage de nos collègues, ou même ils les avaient vus, comme à Coblentz et dans les hôpitaux de Cologne; ils savaient que d'ardentes sympathies s'occupaient d'eux, et ils avaient été consolés comme par un sentiment du voisinage de la patrie; nous-mêmes, nous avions de nos mains, en quelque sorte, soulagé leurs infortunes, et la satisfaction que nous en avions ressentie devenait un stimulant pour de nouveaux efforts.

En outre de ces détails qui furent écoutés avec le plus vif intérêt, dans notre réunion du 25 janvier, nos délégués nous portaient des renseignements qui nous permettaient d'étendre plus loin encore notre action personnelle.

Spandau. Déjà nous nous étions mis en relations avec le R. P. Hermann, artiste et compositeur distingué avant d'entrer dans les ordres, et qui avait longtemps fait partie de la maison des Carmes de notre ville : il était l'aumônier du camp de Spandau, contenant 6,000 hommes, et nous avait donné les premiers détails, venus d'un témoin oculaire, sur la vie et les souffrances de nos prisonniers. Nous lui avons envoyé en deux fois 1,600 fr., dont il n'a pu achever la distribution; victime de son dévouement, il a été enlevé par le typhus qu'il avait contracté en soignant nos pauvres soldats.

A Stettin, qui contenait 20,000 prisonniers, nous avons eu pour correspondant le comité, présidé par le général de division de Lartigue, et qui avait pour secrétaire M. le lieutenant Rajat du 32e de ligne. C'est avec M. Rajat que nous avons été spécialement en rapport; sa correspondance et la comptabilité dont il nous a envoyé des extraits sont des modèles de soins, et sont remplis de détails que nous avons suivis avec le plus vif intérêt; comme son comité avait eu la facilité précieuse de faire personnellement les distributions, il a pu nous faire tenir les récépissés des soldats qui y ont été compris, et nous avons eu la satisfaction de remarquer parmi eux beaucoup de nos compatriotes. Ainsi, le 5e bataillon des mobiles de la Gironde était interné à Stettin, et a été de la part du comité français l'objet d'une sollicitude toute particulière. Au moment de son rapatriement, il lui a été alloué comme secours de route :

    1 th. » par chaque soldat;
    1    $^1/_2$ »   caporal;
    2   »   »   sergent;
    3   »   »   sergent-major.

Nous avons envoyé 7,000 fr. à Stettin; sur cette somme, M. le lieutenant Rajat nous a fait retour de 867 fr. 25 c. qui n'avaient pu être utilement employés.

Breslau possédait un comité central présidé par M. le baron de Reinach, chef de bataillon des mobiles du Bas-Rhin; il correspondait avec des sous-comités qu'il avait établis dans les villes de Silésie, Glogau,

Breslau.

Neisse, Cosel Glatz, Schweidnitz, et quelques autres stations de moindre importance, comme Oppeln. Il avait à pourvoir aux besoins de 50,000 hommes. Au moment où nous entrâmes en relations, il avait déjà reçu près de 23,000 fr. des comités de Vienne, Moscou, Genève, Lyon, Berlin, Bruxelles et Bâle; mais les besoins étaient immenses; aussi, nos remises d'ensemble, 8,500 fr., ont-elles été les bien accueillies. Parmi les reçus de vêtements ou d'argent qui nous ont été transmis, nous avons relevé les signatures de soldats appartenant à la Gironde, au Tarn-et-Garonne et aux Basses-Pyrénées, départements qui, en même temps que le Gers, avaient bien voulu coopérer à notre entreprise. Des militaires bordelais, que nous avions nominativement désignés, ont été l'objet, de la part du comité ou de ses correspondants, d'une attention toute particulière.

Au moment où les rapatriements ont commencé, les hôpitaux de Silésie avaient encore beaucoup de malades, que le comité a confiés, comme suite de sa mission, à la sollicitude active, dévouée, d'une dame anglaise, Mme Caroline Werckner, qui, pendant ces tristes circonstances, avait consacré sa bourse et son temps au soulagement de nos prisonniers; nos relations ont continué jusques en mai avec cette généreuse correspondante.

Magdebourg. Magdebourg avait également son comité français, dont le colonel Weissembourg était le président, et M. Marinier, de Blaye, capitaine du génie, secrétaire.

Ces messieurs s'occupaient des 25,000 prisonniers de la ville, et, par leur correspondant, M. le capitaine Vincent, de 9,000 internés à Torgau. Nous avons contribué à leur œuvre par l'envoi de 10,000 fr. M. le capitaine Marinier nous a envoyé, en outre des notes particulières qui nous concernaient, un rapport très-intéressant sur les opérations de son comité.

Nous avons fait également distribuer une valeur de 1,000 fr. par les soins de M. le docteur Schrader. Ce respectable pasteur était marié à une jeune dame qui, fixée autrefois à Bordeaux, avait conservé d'affectueux souvenirs pour sa ville d'adoption; tous les deux, élevés par leurs sentiments évangéliques au-dessus des cruelles excitations de la guerre, n'avaient vu dans nos compatriotes que des frères malheureux; ils s'étaient multipliés en leur faveur, et, afin de leur être plus secourables, ils avaient demandé un concours à leurs amis de Bordeaux, membres de notre Comité; nous nous étions empressés de répondre à leur appel.

A Erfurt, renfermant 11,000 hommes, nous avons eu la bonne fortune de confier nos intérêts à M. le capitaine Grasset, gendre de l'un de nos zélés collègues. Il s'était adjoint notre jeune compatriote M. le lieutenant d'artillerie Ariès.

Erfurt.

Ces messieurs n'ont pu se mettre en rapports directs avec nos soldats; mais ils ont eu pour intermédiaires M. le général de Michaëlis, commandant le dépôt, et Mme de Michaëlis. Soit dans sa correspondance, soit verbalement, M. le capitaine Grasset nous a parlé avec éloges de la bienveillance attentive du général pour ses prisonniers, et du zèle véritablement touchant de Mme de Michaëlis, qui s'était réservé le soin des hôpitaux. Elle les visitait tous les jours, rendait compte à nos officiers de la situation et des besoins, et se concertait avec eux sur les achats et distributions à faire. Nous avons envoyé en deux fois

3,000 fr. à ces messieurs, qui les ont surtout employés en faveur des malades, et principalement de ceux dont le rapatriement devait être suspendu par une tardive convalescence.

Kœnigsberg. Les officiers internés à Kœnigsberg avaient, eux aussi, formé un comité, sous la présidence de MM. le lieutenant-colonel Thomassin et le capitaine de Saint-Julien. M. le lieutenant Bœuf en était le trésorier. Ils avaient 9,000 hommes à secourir. Les rigueurs de l'autorité prussienne ne leur ont pas permis de diriger les distributions, même dans les hôpitaux; elles ont dû être faites par l'intermédiaire des officiers allemands pour les valides, ou de M. l'aumônier Raimbaut pour les malades. Nous avons envoyé :

A MM. les officiers du comité..........F.	3,000 »
A M. l'abbé Raimbaut..............	1,000 »
A MM. Berniard et Gaston Blanchy, internés au camp des Baraques, pour secourir 40 tirailleurs parisiens, leurs compagnons de captivité, qui se trouvaient dans la plus triste situation...............	341 40
Ensemble..............F.	4,341 40

A cette somme doit s'ajouter une valeur de 5,086 fr., estimation de neuf colis lainage expédiés de Bordeaux.

Les pièces de dépense nous ont été envoyées, ainsi que le compte-rendu général de l'œuvre poursuivie par MM. les officiers de Kœnigsberg.

Ulm. Sur une demande de secours adressée à Son Éminence par l'aumônier français d'Ulm, le P. Joseph, le comité lui a envoyé 4,500 fr.

Ulm comptait 12,000 prisonniers, sur lesquels 300

valétudinaires au commencement de mars. Il y a eu 314 décès pendant la captivité. L'humidité des casemates et le froid sibérien qui avait sévi tout l'hiver étaient les causes de la triste condition de ce dépôt.

Elle devait éveiller une sollicitude toute particulière. Aussi nous sommes-nous fait un devoir de communiquer au Gouvernement les renseignements fournis par le P. Joseph, et d'appeler son attention sur les précautions à prendre pour le rapatriement des hommes de ce dépôt qui n'étaient pas en état de supporter les fatigues de la route.

Le P. Joseph a employé 2,600 fr. en secours immédiats à ceux qui en avaient le plus besoin, et consacré le reste aux malades. Il nous a donné en particulier la liste des militaires du département qui avaient été compris dans les distributions.

Le comité de Vienne a reçu de nous 8,000 fr. Il en a appliqué 3,000 au dépôt de Minden, contenant 6,000 hommes, et dans lequel des besoins pressants lui avaient été signalés. Ce comité s'était surtout occupé des dépôts de l'est, du nord et du centre de l'Allemagne, et y avait apporté des soulagements en rapport avec les ressources considérables qu'il avait recueillies en Autriche, dans les provinces danubiennes, et en Turquie. Il a été notre obligeant intermédiaire pour les expéditions dans l'est et le nord de l'Allemagne des effets à adresse particulière. Il les recevait à Marseille par les soins d'un agent, et les rendait *franco* à destination, prenant à sa charge les frais et formalités de douane. Il nous a été d'un grand secours, dans un moment où l'encombrement à Bâle rendait ce service des plus difficiles.

Nous avons eu avec le comité de Lille des relations

Vienne.

Lille.

pour le même objet. Nous lui avons de plus adressé pour notre propre compte un envoi de quatre colis vêtements valant 2,105 fr. 25 c., pour qu'il en fît faire la distribution par ses correspondants. Les retards résultant des transports et la survenance de la paix ne lui ont pas laissé le temps de remplir notre mandat. Il nous a retourné ces objets, dont les uns, adressés à des prisonniers désignés, seront rendus à leurs familles, et les autres, rentrant comme secours généraux non employés, pourront être offerts, avec votre approbation, au Comité qui s'est formé à Bordeaux pour venir en aide à nos provinces envahies.

Suisse. Les désastres de notre armée de l'Est, dans la seconde moitié de janvier, tournèrent du côté de la Suisse les préoccupations du Comité. Nos soldats avaient opéré leur retraite dans des conditions affreuses, sans vivres, sous un froid intense, et par les pays les plus difficiles ; ils étaient arrivés en Suisse épuisés ; aussi, quel que fût l'empressement de tout un peuple sympathique à nos malheurs, il était de si nombreuses infortunes à secourir, qu'il y avait place pour toute assistance : mais surtout il appartenait à la France d'arriver en première ligne au secours de ses enfants.

Notre honorable secrétaire, M. Peyrelongue, partit avec M. Vignal, membre de notre Comité. Ils étaient porteurs de 60,000 fr. dont ils devaient faire l'emploi le plus utile, à leur jugement : à cet effet, ces messieurs devaient s'entendre avec les comités de secours, s'il s'en était formé, ou, à défaut, avec l'autorité militaire française.

Avec la promptitude d'action, le sens pratique et la générosité qui les caractérisent, les Suisses s'étaient déjà organisés, et leurs comités fonctionnaient à l'arrivée de nos délégués.

Nos collègues visitèrent les dépôts de Genève, de Lausanne et de Berne; dans ces riches provinces les secours abondaient : les petits cantons étaient animés des mêmes sympathies; mais leurs ressources ne correspondaient pas à leur bonne volonté.

C'était surtout de ce côté que l'action des comités s'exerçait efficacement par le grand nombre des informations qu'ils recevaient de leurs sous-comités, et par le prompt envoi des subventions partout où les besoins leur étaient signalés.

MM. Peyrelongue et Vignal visitèrent aussi les ambulances de Neufchâtel. Un service suisse était établi dans le lycée; mais, en outre, le curé de la ville et Mme la comtesse de Drée, femme du vice-consul de France, en avaient installé deux, l'un dans un local libre, l'autre dans une maison récemment fondée par les sœurs françaises de la Providence; le service médical était fait dans les deux par l'ambulance marseillaise placée sous la direction dévouée et habile de M. le docteur Menessier; son personnel, les sœurs et les zélés fondateurs prodiguaient à nos soldats les soins les plus empressés. Des ambulances fédérales avaient été également créées à Berne, et des infirmeries pour les soldats, plutôt fatigués que malades, existaient auprès de chaque grand dépôt.

Chemin faisant, nos délégués se mirent en rapport avec le comité central de Berne, présidé par M. Dubbs, avec celui de Genève, présidé par M. Darrier-Rey, et avec Mgr Mermillod, qui portait sur les internés une partie des secours qu'il continuait à recueillir dans l'intérêt des prisonniers français.

Nos collègues s'entourèrent des meilleurs renseignements et s'éclairèrent des conseils de M. de Château-Renard, chef de la légation de France; après s'être ainsi assurés des limites dans lesquelles chaque comité circonscrivait son action, de ses ressources et de l'efficacité de ses procédés, ils se décidèrent à leur confier l'emploi des sommes dont ils étaient porteurs.

Ils comptèrent en conséquence :

A M. Dubbs...........................F.	26,067	45
A M. Darrier-Rey...................	26,000	»
A Mgr Mermillod.....................	5,000	»
A M. le curé de Neufchâtel, à Mme de Drée, pour leur ambulance............	2,560	»
Ensemble................F.	59,627	45

Leur mission se trouva ainsi terminée au mieux des intérêts du Comité.

Vers le même temps, le Comité des Blessés avait fait en Suisse des envois de vins qui avaient procuré aux malades un soulagement réel. Les ambulances s'étant multipliées par suite de l'état sanitaire peu satisfaisant de l'armée, nous nous décidâmes à faire nous-mêmes une expédition semblable : il était indispensable de la faire accompagner, l'encombrement persistant des chemins de fer depuis la guerre et l'irrégularité inévitable des services pouvant faire égarer les marchandises ou retarder indéfiniment leur arrivée.

Notre collègue, M. Jules Desplat, voulut bien se charger de conduire en Suisse trois wagons contenant 16,000 kilogs : en vins et spiritueux, pour 6,205 fr., et en lainages, pour 3,243 fr. 25 c. Il partit le 28 février.

Il devait lui-même distribuer ces objets selon les besoins, et était d'ailleurs muni de fonds, afin d'ajouter des secours en argent, s'il en reconnaissait l'utilité.

A Genève, il se mit en rapport avec le comité Darrier-Rey : à ce moment, on rapatriait, par cette ville, tous les malades capables de supporter la route; c'étaient autant de victimes sauvées de la nostalgie qui, énervant le moral, donnait de la gravité aux nombreuses affections occasionnées chez nos soldats par les privations et le froid.

Un service de jour et de nuit, organisé avec l'assistance d'hommes de bonne volonté, recevait les trains, retenait les malades trop fatigués, et distribuait aux autres les réconfortants, les vivres et les vêtements qui leur étaient nécessaires. Notre collègue s'associa à ces soins; et pendant la durée des passages, les secours en nature envoyés de Bordeaux, surtout les vins et les spiritueux, trouvèrent une très-utile application.

Après quelques jours donnés à Genève, M. Desplat visita les ambulances de Lausanne, Morges, Neufchâtel, Berne, Fribourg, Baden, Bâle et Olten : presque toutes étaient des ambulances fédérales. Il fit adresser du vin à celles qui en étaient peu pourvues; il ne lui fut signalé, dans aucune, des besoins de vêtements ou d'argent; l'empressement suisse pourvoyait généreusement à tout, peut-être cependant avec un esprit trop exclusif du concours étranger, fût-il français; notre collègue eut en effet quelque peine à pénétrer dans les ambulances, et son insistance fut récompensée par la satisfaction des malades, heureux de voir s'intéresser à leur sort un compatriote, délégué par une société française et venu de loin pour s'occuper de leurs maux.

Les deux missions que notre Comité a données en Suisse ont été, comme celle en Allemagne, acceptées par nos honorables collègues avec un dévouement méritoire, et remplies non-seulement avec le zèle le plus intelligent, mais encore avec un empressement cordial, qui a rendu précieux pour nos prisonniers le témoignage d'intérêt qui leur venait de la mère-patrie : nous devons à nos délégués nos remercîments pour les fatigues et les sacrifices qu'ils se sont imposés, et les féliciter de s'être montrés les représentants si bien inspirés de l'œuvre à laquelle vous vous êtes tous dévoués.

Les retards que les événements de Paris ont fait subir aux rapatriements ont donné lieu à de nouveaux besoins et à de nouvelles demandes de secours. Le second versement du Comité des Enfants est venu fort à propos pour nous aider à supporter ces charges.

Nous avons envoyé le 26 avril à M. l'abbé Strube, à Mayence, une somme de ....F. 4,000 »

Le 6 mai, à Mme Beesen, à Cologne...................F. 4,000 »
Et le 20 juin................... 1,500 »
—————
5,500 »

Le 16 mai, à Mme Caroline Werckner, à Breslau... 3,000 »
Le 19 mai, au P. Joseph, à Ulm......... 3,000 »

Ensemble ....F. 15,500 »

Nous avons recommandé à nos respectables ou très-gracieux correspondants de consacrer ces fonds au soulagement des malades, soit en améliorant leur situation dans les hôpitaux, soit en entourant leur retour des précautions qui devaient assurer leur rétablissement. L'espoir de toucher bientôt le sol natal a ranimé, nous ont-ils écrit, bien des courages, et bientôt, sans doute avant le milieu du mois prochain, nous aurons recouvré tous ceux de nos enfants qui attendaient depuis si longtemps leur délivrance.

Il en est un trop grand nombre qui reposent pour toujours sous le sol étranger; mais au moins la terre qui les recouvre n'est pas restée muette; presque partout de modestes monuments, élevés par la piété de leurs compagnons, glorifient la mémoire de ceux qui sont morts pour le pays.

A côté de l'œuvre principale qui avait pour but de recueillir des secours pour nos prisonniers en général, nous avions organisé une agence où nous recevions les sommes ou les objets que les familles voulaient envoyer à leurs parents captifs.

Nous reversions l'argent chez M. le fils de J.-J. Piganeau, qui s'était entendu avec ses correspondants en Allemagne pour faire parvenir *franco* les fonds à leur adresse : ce service, dû à l'initiative de notre honorable collègue, a pu, grâce à l'ordre et aux soins minutieux avec lesquels il était conduit, produire les meilleurs résultats.

Pour les colis vêtements à destination spéciale, nous les avons d'abord expédiés par Bâle ou par Vienne, suivant la destination à l'est ou à l'ouest de l'Allemagne; l'encombrement des comités de ces deux villes nous fit ensuite recourir au Comité de Lille.

Dans cette entreprise, nous avons été secondés par la libéralité des administrations des chemins de fer du Midi et de Lyon-Méditerranée : ces deux compagnies avaient bien voulu transporter au quart du tarif tous les objets destinés aux prisonniers français ; plus tard même, elles consentirent à nous accorder la franchise entière. Cependant nous sommes encore en instance auprès de la compagnie de Lyon pour obtenir, en conséquence de cette promesse, la restitution de 897 fr. 05 c. afférents à l'expédition convoyée par M. Desplat, et dont il avait fallu acquitter la taxe à l'embarquement : le recouvrement de cette somme viendra augmenter le solde dont nous aurons à disposer. La compagnie du Midi a usé de plus de largeur encore, puisqu'elle a donné passage gratuit sur ses lignes aux délégués qui ont rempli les diverses missions dont nous venons de vous entretenir. Nous exprimons ici aux honorables administrateurs de ces deux lignes notre gratitude pour le concours généreux et bienveillant qu'ils ont donné à notre œuvre.

Si ces envois particuliers avaient pu prendre une grande extension, ils auraient rendu d'immenses services ; chaque famille n'aurait pas manqué de pourvoir par elle-même, ou avec un peu d'aide, aux besoins de son parent prisonnier ; bien peu eussent été oubliés, et pour ceux-là les Œuvres les eussent secourus.

Nous avions voulu ouvrir largement cette voie ; à cet effet, et dans le journal *l'Aquitaine,* une lettre avait été adressée par Son Éminence à MM. les curés du diocèse ; le Comité avait, de son côté, préparé des circulaires pour donner, à ce sujet, les éclaircissements nécessaires ; mais nous n'avons pas tardé à voir nos efforts et nos intentions tenus en échec par les formalités méticuleuses de la douane allemande.

Elle exigeait que chaque colis fût déclaré à part, et que son contenu fût spécifié par nombre d'objets et poids séparés pour la laine, le coton ou le fil : chaque paquet devait être ainsi ouvert, inventorié et réemballé, les adresses replacées, d'innombrables bordereaux dressés : tout ce travail était demandé dans un simple intérêt statistique, car les objets destinés aux prisonniers entraient en franchise de droit ; mais la perte de temps qui était la conséquence de ces mesures, les retards dans le transport des paquets à destination, les mutations assez fréquentes dans la résidence des prisonniers, ont été cause que beaucoup de colis n'ont pu être remis ou qu'ils l'ont été quand ils étaient devenus moins utiles.

Une administration plus généreuse et moins formaliste eût tenu compte de la nature exceptionnelle de ces envois, et les eût mis en dehors de sa comptabilité, se bornant à sauvegarder ses droits par les précautions connues de toutes les douanes, et qui eussent assuré, en même temps, l'exacte remise des objets aux mains des hôtes malheureux auxquels ils étaient destinés. Nous avions fait à Bâle une communication dans ce sens ; la suspension des hostilités a fait disparaître l'opportunité des démarches qui auraient pu être tentées auprès du gouvernement allemand dans l'intérêt de ce service.

Nous avons donné des instructions pour que les colis non distribués nous soient retournés ; nous aviserons alors les familles pour qu'elles viennent les retirer de notre dépôt.

Tel est l'ensemble de nos travaux, se chiffrant pour

les espèces, conformément au compte ci-annexé, par une recette totale de........................ F. 298,862 89
Et une dépense de............................. 281,295 20
Solde en caisse............ F. 17,567 69

Vous avez à statuer sur l'emploi de ce solde ; à cet égard, nous vous soumettons les indications suivantes :

Le rapatriement de nos soldats n'aura pas mis un terme à notre mission : ils ont contracté, pendant la captivité, des maladies qui nécessiteront des soins et, dans beaucoup de cas, l'usage des eaux thermales. Le Comité des Blessés, dans l'intérêt général qui l'occupe, a songé à créer des stations aux bains de mer et dans les Pyrénées ; il nous a proposé de concourir à cette œuvre et à faire profiter nos pauvres clients des secours qui allaient être ainsi organisés : nous y avons adhéré, sauf votre approbation ; il nous a semblé, en effet, que le meilleur emploi du surplus des fonds versés pour les prisonniers était de les appliquer au traitement des infirmités que nos soldats avaient contractées en Allemagne. Le Comité des Blessés a l'intention de dépenser dans ces hospitalisations une somme de 70,000 fr. ; nous y joindrions notre solde de 17,000 fr., afin de donner au service l'extension qu'il comporte, et nous créer, en faveur des prisonniers, des droits qui seront très-libéralement appréciés par nos confrères du Comité des Blessés.

En résumé, vous aurez donc, Messieurs, 1° à vous prononcer sur le bien-être des comptes que nous venons de vous présenter ; 2° à disposer des colis vêtements renvoyés par le Comité de Lille ; 3° à voter sur l'emploi des 17,567 fr. 69 c. qui forment le solde en caisse.

Ce solde peut être augmenté de quelques rentrées, ainsi que nous vous l'avons dit plus haut, ou diminué de quelque imprévu ; aussi, dans le cas où vous adopteriez les conclusions que nous avons l'honneur de vous proposer, vous voteriez simplement, avec l'emploi spécifié, le versement de notre solde définitif au Comité des Blessés.

Il nous resterait à payer aux membres du Comité le tribut de remercîments qui leur est dû pour le concours si dévoué et si utile qu'ils n'ont cessé de donner à nos travaux.

Une large part revient à Son Éminence, si patriotiquement inspirée en fondant notre entreprise, et qui, par sa parole, son exemple, et la filiale affection qu'elle inspire, sait susciter les plus généreux mouvements dans la population qui l'entoure de ses respectueuses sympathies.

M. le Grand Rabbin et les honorables ministres de l'Église Réformée, MM. Maillard et Renous, ont non-seulement employé en faveur de l'Œuvre l'influence si légitime qu'ils exercent, mais ils y ont porté un concours personnel des plus appréciés, et que soutenait un zèle aussi actif qu'éclairé.

Après avoir parlé de MM. Peyrelongue, secrétaire, et Desclaux de Lacoste, trésorier, ces deux chevilles ouvrières de notre Comité, nous devrions, Messieurs, nommer chacun de vous ; la correspondance, la comptabilité, les achats, les expéditions ont trouvé des coopérateurs nombreux et toujours empressés ; les réunions ont été suivies avec zèle, et les décisions prises avec la maturité de conseil et les égards pour le sentiment d'autrui, qui rendront précieux pour nous tous le souvenir de l'œuvre qui nous a six mois associés.

Cette ardeur au bien, ce patriotique élan qui vous a tous animés, vous, Messieurs, et les bienfaiteurs de notre œuvre, sont les points brillants qui consolent nos yeux du navrant tableau de nos infortunes. Mais si Bordeaux, sous ce rapport, s'est noblement conduit, il n'a pas été seul, nous pouvons le dire; déchiré par le fer, notre sol a vu partout jaillir les dévouements; aussi, lorsque tant de ruines amoncelées semblent menacer jusques à l'espérance, ne devons-nous pas voir dans ces nobles sentiments le ferment qui fera lever la France nouvelle?

Si, éclairée par ses malheurs, guérie des appétits matériels et des théories malsaines qu'ils engendrent, elle se tourne vers l'éternelle cause, elle peut encore retrouver sa place et son rôle dans le monde; rôle glorieux, alors que les peuples de l'ancien et du nouveau continent saluaient en elle l'initiatrice du vrai, la voix du droit et le bras de la justice.

L'Assemblée, par l'organe de son vénérable Président, remercie M. Blanchy du concours actif, intelligent et dévoué qu'il a donné à l'Œuvre en sa qualité de président de la commission d'exécution, et de la bonne direction qu'il a su imprimer aux travaux de cette commission; elle lui adresse, en outre, les plus vives félicitations pour le rapport aussi complet qu'attachant dont il vient de donner lecture, et dont elle vote à l'unanimité l'impression.

M. le Grand Rabbin exprime l'opinion qu'après avoir assuré au Comité des Prisonniers le bénéfice des hospitalisations thermales, en versant la somme nécessaire au Comité des Blessés, le surplus du solde en caisse soit employé à élever de modestes monuments à la mémoire des soldats morts pendant la captivité en Allemagne. Dans beaucoup de cantonnements déjà, cet honneur leur a été rendu ; il faudrait l'étendre autant que possible à tous les dépôts dans lesquels ce devoir n'aurait pu être rempli.

L'honorable membre propose donc de consacrer à cet emploi le solde restant libre après le versement fait au Comité des blessés et l'acquit des dernières dépenses.

M. Peyrelongue explique que le minimum de concours dont il a été question dans les négociations avec le Comité des Blessés, a été fixé à 15,000 fr., ce minimum pouvant être augmenté de l'excédant en caisse restant sans emploi. Il pense qu'après avoir versé cette somme et payé les divers frais, notamment ceux d'impression, le reliquat pourrait être employé conformément aux intentions pieuses de M. le Grand Rabbin.

La totalité du solde en caisse pourrait être versée au Comité des Blessés, qui en ferait emploi conforme aux décisions de l'Assemblée. Cette solution est adoptée.

Les conclusions du rapport, ainsi amendées, sont accueillies à l'unanimité.

La discussion étant close, l'Assemblée, sur la proposition de Son Éminence, approuve les comptes présentés par le Comité, et balançant par un solde de 17,570 fr. 80 c. L'Assemblée décide que ce solde, déduction faite des frais d'impression et de distribution du rapport, sera versé à la Société de secours aux Blessés de Bordeaux, savoir : 1º à concurrence de 15,000 fr. pour contribuer à l'œuvre fondée par les deux Comités réunis, des hospitalisations thermales et balnéaires destinées au traitement des victimes de la guerre ; et 2º de tout le reliquat pour être affecté, sur la proposition de M. le Grand Rabbin, à subvenir à l'établissement des pierres tumulaires dont on a le projet de pourvoir les sépultures de nos infortunés compatriotes décédés captifs en Allemagne.

Moyennant ce versement, l'Assemblée déclare que MM. O.

Grossard et Desclaux de Lacoste, trésoriers de l'Œuvre, seront complètement libérés et déchargés.

Au nom du Comité des Blessés, plusieurs de ses membres présents à l'Assemblée, et notamment M. de Boissac, son trésorier, déclarent que ce dernier Comité accepte de recevoir le versement du solde final des fonds du Comité des Prisonniers, et de remplir la destination qui vient de leur être donnée.

D'un autre côté, MM. Peyrelongue et Desclaux de Lacoste, membres du Comité des Blessés, et en particulier de la commission des hospitalisations thermales, promettent d'ajouter au concours qu'ils donnent à ces hospitalisations, un concours officieux pour l'accomplissement de la pieuse proposition de M. le Grand Rabbin.

L'Assemblée décide, enfin, que le reste des objets de lainage ou autres, en nature, qui sont restés sans emploi, sera offert au Comité de Secours à la Lorraine, à l'Alsace et aux départements envahis.

La liquidation définitive de l'Œuvre étant ainsi opérée, Son Éminence déclare le Comité dissous et la séance levée.

Signé au registre : Cardinal FERDINAND DONNET, archevêque de Bordeaux, et PEYRELONGUE, secrétaire.

Pour copie conforme

Le Secrétaire

PEYRELONGUE.

ANNEXES

N° 1. — Tableau des Recettes et Dépenses.

N° 2. — Tableau des Dons en nature.

N° 3. — Liste des Membres du Comité.

N° 4. — Liste des Membres des Commissions des quêteurs à domicile.

N° 1.   # TABLEAU DES RECETTES
RECETTES

1° *Dans le département de la Gironde*……………………F.			233,722 39
Dans Bordeaux :			
Don du Conseil municipal……F.	5,000	»	
» de l'Œuvre des Enfants……	8,884	»	
» » » (2ᵉ vᵉʳˢᵗ)	8,660	»	
» du Conseil central de secours aux blessés…………………	10,000	»	
Produit des quêtes dans les temples protestants…………………	2,620	15	
Produit des quêtes dans les églises	14,749	60	
» à domicile avec le concours de la Garde nationale..	68,279	74	
Souscriptions particulières……	72,167	10	
Ensemble, pʳ Bordeaux…F.	190,360	59	190,360 59
Dans le département de la Gironde :			
Hors Bordeaux :			
Souscriptions particulières……F.	7,286	20	
Produit des quêtes dans les temples protestants…………………	1,331	50	
Produit des quêtes dans les églises	34,744	10	
Ensemble, pʳ le dépᵗ (hors Bordeaux)	43,361	80	43,361 80
Total égal p. le dépᵗ de la Gironde…F.	233,722	39	
2° *Hors du département de la Gironde*………………………			65,140 50
Du Comité d'Auch, par les soins de l'Archevêché……F.	23,448	95	
» de Limoges…………………………	13,201	55	
» de Montauban………………………	10,930	»	
» de Pau………………………………	2,366	»	
» de Philippeville……………………	2,346	»	
» de Bayonne………………………	2,000	»	
» d'Angoulême……………………	1,852	70	
» de Saintes ………………………	1,782	70	
» d'Orthez…………………………	1,500	»	
» de Castillonnés…………………	1,143	»	
Souscriptions diverses…………………	4,569	60	
Total égal, hors du département de la Gironde..F.	65,140	50	
Total des recettes………………			298,862 89

ET DÉPENSES DE L'ŒUVRE

DÉPENSES

Envoi à Bâle..................F.			108,000	»
» à Mayence, 1re période...........F.	10,039	43	13,039	43
» » période de rapatriement.......	3,000	»		
» à Coblentz.................			10,960	»
» à Cologne, 1re période........	13,340	»	18,840	»
» » période de rapatriement......	4,000	»		
	1,500	»		
» à Wesel.................			3,000	»
» à Spandau................			1,600	»
» à Stettin................	7,000	»	6,132	75
A déduire remboursement du lieutenant Rajat.................	867	25		
» à Breslau, 1re période............	8,500	»	11,500	»
» » période de rapatriement.........	3,000	»		
» à Magdebourg................			11,000	»
» à Erfurt...................			3,000	»
» à Kœnigsberg...............	4,400	»	4,341	40
A déduire remboursement par Berniard..	58	60		
» à Ulm, 1re période............	4,500	»	7,500	»
» » période de rapatriement............	3,000	»		
» à Vienne...................			8,000	»
» à Genève (Comité Darrier-Rey)...........	26,000	»	31,000	»
» » Mgr Mermilliod............	5,000	»		
» à Berne (Comité Dubbs).............			26,067	47
» à Neuchâtel................			2,560	»
Payé à M. le lieutenant Bœuf, pour remboursement de frais de transport de colis lainages jusqu'à Kœnigsberg...........			216	70
Remboursé à M. Schmith, pour droits sur vins dirigés sur divers dépôts.................			700	»
Frais de voyage de MM. les Délégués en Allemagne et en Suisse			1,840	60
Achat de lainage.................			4,885	10
Remboursé à Mlle Delpech, pour achat de laine à tricoter.....			500	»
» au Comité des blessés.............			154	10
Frais de change sur nos remises.............			1,290	70
» de transport payé à la Compagnie de Lyon............			897	05
» d'emballages, de transport, impressions, affranchissements et frais de bureau.............			4,266	80
Solde en caisse..............			17,567	69
		F.	298,862	89

N° 2.

VÊTEMENTS

Achats...F.	4,885	10
Laine à tricoter remboursée à Mlle Delpech........................	500	»
Dons estimés à	25,741	40
F.	31,126	50

LIQUIDES

Reçu de la Société de secours aux blessés : 100 bques vin à 100 fr..F.	10,000	»
Reçu de divers souscripteurs : 75 bques ½ vin à 100 fr........	7,550	»
» de MM. Larronde frères : 4 bques vin estimées à 150 fr. l'une et livrées par eux à Cologne............................	600	»
Liqueurs et vins en caisses...	1,155	»
F.	19,305	»
A déduire : 25 bques rendues au Comité des blessés............	2,500	»
F.	16,805	»

Récapitulation des dons recueillis :

F. 298,862 89 argent.
25,741 40 vêtements.
16,805 » vins et liqueurs.

F. 341,409 29

EMPLOI

41 colis expédiés à Rotterdam, par steamer *Gironde*, à l'adresse du Comité de Bâle, et assurés pour............F.	16,359	»
9 colis expédiés sur Rotterdam par steamer *Albert*, à destination de Kœnigsberg......................F. 5,086 »		
5 colis expédiés sur Rotterdam par steamer *Albert*, à destination de Cologne.................. 4,259 »		
Assurés pour...	9,345	»
4 colis expédiés au Comité de Lille par vapeur *Nord*..........	2,105	25
1 » expédié en Suisse, sous conduite de M. Duret..........	74	»
7 » expédié » » de M. Desplat.......	3,243	25
F.	31,126	50

EMPLOI

Expédié : 100 bques au Comité de Bâle par steamer *Gironde*, viâ Rotterdam......................................F.	10,000	»
» 4 bques de MM. Larronde frères dirigées sur Coblentz..	600	»
» 50 bques $1/2$ en Suisse, par M. Desplat.. 5,050 »		
» Liqueurs et vins en caisse, » .. 1,155 »	6,205	»
F.	16,805	»

N° 3.

LISTE DES MEMBRES DU COMITÉ

PRÉSIDENT :

Mᵍʳ le Cardinal DONNET, Archevêque de Bordeaux.

VICE-PRÉSIDENTS :

MM. le PRÉFET DE LA GIRONDE.
  le MAIRE DE BORDEAUX, président du comité départemental dans la Gironde de la Société de secours aux blessés militaires.
  le Comte LEMERCIER, délégué régional du Sud-Ouest, et
  les DÉLÉGUÉS RÉGIONAUX du conseil central de la Société internationale de secours aux blessés militaires.
  le PASTEUR président du Consistoire de l'Église réformée de Bordeaux.
  le GRAND-RABBIN du Consistoire israélite de la Gironde.
  le CONSUL DE SUISSE à Bordeaux, l'un des vice-présidents du comité départemental pour la Gironde de la Société de secours aux blessés militaires.
  le TRÉSORIER GÉNÉRAL DE LA GIRONDE, l'un des vice-présidents du comité départemental pour la Gironde de la Société de secours aux blessés militaires.
  J. BLANCHY, ancien président du Tribunal de commerce, vice-président de la Chambre de commerce de Bordeaux.

SECRÉTAIRE GÉNÉRAL :

M. E. du PÉRIER de LARSAN, président de chambre à la Cour d'appel de Bordeaux.

SECRÉTAIRES :

MM. A. BRANDENBURG, juge au Tribunal de commerce de Bordeaux.
  le Vicomte DE PELLEPORT, secrétaire général du comité départe-

mental pour la Gironde de la Société de secours aux blessés militaires.

A. PEYRELONGUE, avoué au Tribunal civil.

H. VITRAC, propriétaire.

TRÉSORIERS :

MM. DESCLAUX DE LACOSTE, notaire.

OSCAR GROSSARD, courtier d'assurances maritimes à Bordeaux.

COMMISSAIRES ADJOINTS AU BUREAU :

MM. les SOUS-PRÉFETS et les MAIRES des chefs-lieux d'arrondissement de la Gironde.

les RÉDACTEURS EN CHEF des journaux le *Courrier de la Gironde, la Gironde, la Guienne, le Journal de Bordeaux* et *la Province*.

MEMBRES DU COMITÉ :

MM. WILLIAM AUDINET, président de la Compagnie générale des Omnibus de Bordeaux.

AUTRAN, commissaire général de la marine, l'un des vice-présidents du comité départemental pour la Gironde de la Société de secours aux blessés militaires.

A. DE BETHMANN, ancien maire de Bordeaux.

E. DE BOISSAC, trésorier du comité départemental pour la Gironde de la Société de secours aux blessés militaires.

ÉDOUARD BOSC, administrateur de la Société de charité maternelle de Bordeaux.

BOUÉ, colonel d'artillerie en retraite.

le Vicomte DE BRONS, directeur du Dépôt de mendicité.

BRUN, conseiller municipal.

CÉLERIER, procureur général près la Cour d'appel de Bordeaux.

J.-B. COUVE, administrateur du Bureau de bienfaisance de Bordeaux.

H. CRUSE, membre du Consistoire de l'Église réformée de Bordeaux.

le Duc DECAZES, membre du Conseil général de la Gironde.

DELATOUR, proviseur du Lycée de Bordeaux.

DESMIRAIL, ancien procureur général.

DESPLAT.

TH. DUBREUILH, administrateur du Dépôt de mendicité.

H. FAURE, administrateur de la Société de charité maternelle de Bordeaux.
H. BALARESQUE, ancien premier juge au Tribunal de commerce.
l'abbé FONTENEAU, vicaire général de Bordeaux.
Ch. GADEN, négociant.
l'abbé GAUSSENS, curé de Saint-Seurin de Bordeaux.
A. GAY, premier juge au Tribunal de commerce.
GINTRAC père, directeur de l'École de médecine de Bordeaux.
Paul GIRARD, avocat à la Cour d'appel de Bordeaux.
GRADIS, ancien adjoint du Maire de Bordeaux.
A. GRANGENEUVE, trésorier de la Société de charité maternelle de Bordeaux.
le docteur GUÉPIN, membre du Conseil municipal.
William JOHNSTON, négociant.
Paul JOURNU, négociant.
le Comte de KERCADO.
LABRUNIE, conseiller municipal.
le docteur Ernest LALANNE, maire de Coutras, membre du Conseil général de la Gironde.
E. LATASTE, doyen des administrateurs du Bureau de bienfaisance.
DAN-LAWTON, membre du Conseil général de Lot-et-Garonne.
LEGENDRE fils aîné, conseiller municipal.
le fils de J.-J. PIGANEAU, banquier, juge au Tribunal de commerce.
Alexandre LÉON, membre du conseil d'administration de la Compagnie des chemins de fer du Midi.
LESCARRET, adjoint du Maire de Bordeaux.
A. LEVAVASSEUR, chef d'escadron d'état-major de la garde nationale.
F. LOPÈS-DUBEC, président du Consistoire israélite de la Gironde.
Paul MAITRE, syndic de la Compagnie des agents de change.
Marc MAUREL, conseiller municipal.
le Baron Lodois de MAUVEZIN, propriétaire.
H. MINIER, membre de l'Académie de Bordeaux.
le Comte de la MYRE-MORY, ancien officier.
le Comte de NOAILLAN, propriétaire.
A. de PICHARD, juge au Tribunal civil de Bordeaux.
PIRONNEAU, intendant militaire de la 14e division, l'un des vice-présidents du comité départemental pour la Gironde de la Société de secours aux blessés militaires.
le pasteur Paul RENOUS.
le docteur REY.
Ch. ROBERT, directeur honoraire de l'Institution des sourdes-muettes de Bordeaux.

G. SERR, conseiller municipal.
SIMIOT, adjoint du Maire de Bordeaux.
VILLETTE, adjoint du Maire de Bordeaux, administrateur du Mont-de-Piété.
VIGNIAL, rentier.
P. SAINTMARC.
ZEVORT, recteur de l'Académie.

N° 4.

MEMBRES DES COMMISSIONS DES QUÊTEURS A DOMICILE

1re Circonscription.

MM. CRUSE, *président.*
GADEN, *membre du Comité.*
BRANDENBURG, *membre du Comité.*

Délégués :

MM. LAVIDALI, sergent-major, 8e compagnie, 1er bataillon.
FINOL, sergent, 3e compagnie, 1er bataillon.
LAFON, sergent-major, 6e compagnie, 1er bataillon.
TÉCHENEY, sergent-fourrier, 5e compagnie, 2e bataillon.
JANNEAU, sergent-fourrier, 5e compagnie, 2e bataillon.

2e Circonscription.

MM. W. JOHNSTON, *président.*
W. AUDINET, *membre du Comité.*
Paul SAINTMARC, *membre du Comité.*

Délégués :

MM. POITEVIN, sergent, 1re compagnie, 1er bataillon.
PAILLÈRES, caporal-fourrier, 2e compagnie, 1er bataillon.
MÉNARD, sergent-major, 4e compagnie, 1er bataillon.
LEHÉRISSÉ, sergent-major, 5e compagnie, 1er bataillon.
OURSULE, sergent-major des sapeurs-pompiers.

3e Circonscription.

MM. GRADIS, *président.*
de PELLEPORT, *membre du Comité.*
BALARESQUE et VIGNIAL, *membres du Comité.*

Délégués :

MM. DESPLAT, sergent-fourrier, 1re compagnie, 2e bataillon.
CAPGRAS, sergent, 2e compagnie, 2e bataillon.
QUINTIN, sergent-fourrier, 3e compagnie, 2e bataillon.
VAILLANT, sergent-major de la marine.
DELUZIN, sergent-major des sapeurs-pompiers.
BONNEBAULT, caporal, 1re compagnie, 2e bataillon.
PUJOS, sergent-fourrier de la marine.

4e Circonscription.

MM. ROBERT, *président.*
l'abbé GAUSSENS, *membre du Comité.*
Hte MINIER, *membre du Comité.*
MAREILHAC, *membre du Comité.*

Délégués :

MM. ARNAUD, sergent-fourrier, 7e compagnie, 2e bataillon.
GACHASSIN, sergent-fourrier du génie.
H. MOULIS, sergent des sapeurs-pompiers.
A. MOULIS, caporal-fourrier, 2e compagnie, 2e bataillon.
BELLOQUET, caporal, 2e compagnie, 2e bataillon.
DUSSAUT, sergent des sapeurs-pompiers.
PINEAU, sergent des sapeurs-pompiers.
VIEUSE, sergent-fourrier, 8e compagnie, 2e bataillon.

5e Circonscription.

MM. DESMIRAIL, *président.*
DE BOISSAC, *membre du Comité.*
A. GRANGENEUVE, *membre du Comité.*

Délégués :

MM. BAILBY, caporal-fourrier, 3e compagnie, 3e bataillon.
GUILLOT, sergent-major de la marine.
MOURE, caporal-fourrier, 5e compagnie, 3e bataillon.
LARQUEY, sergent, 3e compagnie, 2e bataillon.
RACLE, sergent, 3e compagnie, 2e bataillon.

6e Circonscription.

MM. DE NOAILLAN, *président.*
le docteur REY, *membre du Comité.*
le docteur GUÉPIN, *membre du Comité.*

Délégués :

MM. DESPOUYS, sergent-fourrier, 6ᵉ compagnie, 3ᵉ bataillon.
LAMBERT, sergent-fourrier, 7ᵉ compagnie, 3ᵉ bataillon.
LAMBARRAT, sergent-fourrier, 5ᵉ compagnie, 3ᵉ bataillon.
MENDES, sergent-fourrier de la marine.
NEVEU, sergent-fourrier, 8ᵉ compagnie, 3ᵉ bataillon.

7ᵉ Circonscription.

MM. DE PICHARD, *président.*
A. GAY, *membre du Comité.*
PAUL GIRARD, *membre du Comité.*

Délégués :

MM. LUSSAUD, sergent-fourrier, 1ʳᵉ compagnie, 3ᵉ bataillon.
DAVID, sergent, 2ᵉ compagnie, 4ᵉ bataillon.
BOURDEIL-BOISSE, sergent-fourrier, 5ᵉ compagnie, 4ᵉ bataillon.
LAFONT, sergent du génie.
Sᵗ-MARTIN, sergent, 4ᵉ compagnie, 4ᵉ bataillon.

8ᵉ Circonscription.

MM. LABRUNIE, *président.*
LEGENDRE, *membre du Comité.*
DUBREUILH, *membre du Comité.*

Délégués :

MM. DE SARREAU, sergent-fourrier, 4ᵉ compagnie, 2ᵉ bataillon.
RICHARD, sergent-fourrier, 4ᵉ compagnie, 5ᵉ bataillon.
DUPOUY, sergent-fourrier, 4ᵉ compagnie, 5ᵉ bataillon.
SAUVESTRE, sergent-major des sapeurs-pompiers.
LACROIX, maréchal-des-logis d'artillerie.

9ᵉ Circonscription.

MM. LATASTE, *président.*
DE BRONS, *membre du Comité.*
MARC MAUREL, *membre du Comité.*

Délégués :

MM. JUILLAC, sergent-major, 6ᵉ compagnie, 4ᵉ bataillon.
MOREAU, caporal, 7ᵉ compagnie, 4ᵉ bataillon.
BLOIS, sergent, 8ᵉ compagnie, 4ᵉ bataillon.
BARBAUDY, caporal-fourrier, 1ʳᵉ compagnie, 4ᵉ bataillon.
ARIÈS, sergent-major, 6ᵉ compagnie, 5ᵉ bataillon.

10ᵉ Circonscription.

MM. le pasteur RENOUS, *président.*
JULES FAURE, *membre du Comité.*
DAN-LAWTON, *membre du Comité.*

Délégués :

MM. GRILHÉ, sergent-major, 2ᵉ compagnie, 5ᵉ bataillon.
CLUZEAU, sergent-fourrier, 6ᵉ compagnie, 5ᵉ bataillon.
AMILLAC, maréchal-des-logis d'artillerie.
TOUCHARD, caporal-fourrier, 3ᵉ compagnie, 4ᵉ bataillon.
JAULOIS, sergent, 6ᵉ compagnie, 6ᵉ bataillon.

11ᵉ Circonscription.

MM. BOSC, *président.*
ALEXANDRE LÉON, *membre du Comité.*
BRUN, *membre du Comité.*

Délégués :

MM. FRANC, sous-officier, 1ʳᵉ compagnie, 6ᵉ bataillon.
LAGRAVE, sous-officier, 1ʳᵉ compagnie, 5ᵉ bataillon.
THÜZAC, sous-officier, 1ʳᵉ compagnie, 5ᵉ bataillon.
PATIÉ, sous-officier, 1ʳᵉ compagnie, 5ᵉ bataillon.
BINET, sous-officier, 5ᵉ compagnie, 6ᵉ bataillon.
GAUTRON, sous-officier, 7ᵉ compagnie, 6ᵉ bataillon.
GUÉRIN, sergent-major, 4ᵉ compagnie, 6ᵒ bataillon.

12ᵉ Circonscription.

MM. SERR, *président.*
PAUL JOURNU, *membre du Comité.*
HENRY FAURE, *membre du Comité.*

Délégués :

MM. AUGROS, entrepreneur, 123, avenue de Paris.
LANSADE, propriétaire, 6, rue Nuyens.
LABURTHE fils, propriétaire, 4, quai de Queyries.
LANUSSE, propriétaire, 4, quai de Queyries.
MAILHOS (Clément), propriétaire, 2, avenue de Paris.
FOURMOND fils, propriétaire, 4, avenue de Paris.
BOT, lieutenant de la garde nationale, 38, avenue de Paris.
CARCAU, sergent-fourrier, place du Pont.
DULONG, négociant, quai Deschamps.